DIE
BIBEL

Maike Lauther-Pohl

ISST DER LIEBE GOTT AUCH GERNE SCHOKOLADE?

55 Kinderfragen zu Gott und der Welt

Mit Illustrationen von Marie Hübner

INHALT

WARUM LÄSST GOTT BÖSES AUF DER WELT ZU?

WIE WAR DAS MIT JESUS?

WIE IST DAS MIT DEM TOD?

WIE IST DAS MIT DEM GLAUBEN?

WIE IST DAS MIT VERSCHIEDENEN RELIGIONEN?

WIE LÄUFT ES IN DER KIRCHE?

VORWORT

KINDER STELLEN FRAGEN

Kinder finden sich in der Welt zurecht, in dem sie Fragen stellen, auf Antworten von Erwachsenen hören und eigene Gedanken entwickeln. Sie stellen Fragen, die Erwachsene verblüffen, erfreuen, verunsichern, sprachlos machen, an ihre eigenen Fragen erinnern, in Gespräche verwickeln und auf neue Gedanken bringen. Kinder brauchen Erwachsene an ihrer Seite, die sich auf diese Fragen einlassen und die Kinder ernst nehmen.

ERMUTIGUNG FÜR ERWACHSENE

Um Eltern, Pat*innen, Großeltern, pädagogische Fachkräfte, Religionslehrer*innen zu ermutigen, mit Kindern ins Gespräch zu kommen und eigene Antworten auf die Fragen der Kinder zu finden, werden in diesem Buch mögliche Umgangsweisen mit Fragen von Kindern vorgestellt. Die Fragen wurden von Kindern in Evangelischen Kindertagesstätten gesammelt (und den konkreten Kindern auch vor Ort direkt beantwortet). Erwachsene können sich von den hier vorgestellten Antworten »etwas abgucken«, sich anregen lassen, die eigenen Gedanken weiterzuentwickeln – und vor allem entdecken, dass das Gespräch mit Kindern über wichtige Dinge des Lebens überhaupt nicht kompliziert sein muss. Dass man nicht »fertig« sein muss mit den eigenen Gedanken, dass manches offenbleiben darf, dass es oft nicht um »richtig« oder falsch«

geht, sondern um eine gemeinsame Antwortsuche mit den Kindern.

Das Buch richtet sich an Kinder, die Fragen über Gott und die Welt stellen. Und es richtet sich an Eltern, Pat*innen, pädagogische Fachkräfte, die Kinder auf ihrer Suche nach Antworten auf Lebens- und Glaubensfragen begleiten. Das Buch möchte Erwachsene ermutigen, sich den Fragen der Kinder zu stellen und in gemeinsame spannende Gespräche zu vertiefen. Es regt an, sich auf die Denkweise der Kinder einzulassen und dabei sich selbst als Erwachsene treu zu bleiben. Es motiviert Erwachsene, unkompliziert und auf Augenhöhe auf bedeutungsvolle Fragen der Kinder zu reagieren.

ANTWORTANGEBOTE

Deshalb bietet das Buch auch keine abschließenden Antworten, sondern versteht sich als Sammlung von Antwortangeboten aus christlicher Perspektive. Es erklärt theologische Sachverhalte verständlich, erläutert die Bedeutung von christlichen Traditionen, nimmt Sinnfragen von Kindern auf und bietet religionspädagogische Anregungen zum Verstehen. Es versucht, die Lebenswelt und den Verstehenshorizont der Kinder aufzunehmen und Antworten zu geben, die sowohl theologisch stimmig als auch lebenstauglich sind. Zugleich regt das Buch gezielt zu neuen Fragen an und ermutigt, eigene, vielleicht sogar ganz andere Antworten zu entdecken. Es wird sichtbar, dass es in Glaubensdingen kein

»So ist das« und schon gar kein »So musst du das glauben« gibt, sondern unterschiedliche Herangehensweisen an Lebensfragen.

Die Autorin spricht manchmal von »Ich stelle es mir so vor ...« oder »Ich glaube ...«. Auch, wenn die Autorin selbst natürlich ganz unwichtig ist für das Gespräch zwischen Kindern und ihren Bezugspersonen, wird hier sichtbar: Manchmal geht es genau um das, was man selber glaubt oder findet oder wozu man sich – ganz unfertig – eigene Gedanken macht.

GLAUBEN VORLEBEN UND ZUGLEICH KINDER ZU EIGENEM GLAUBEN MOTIVIEREN

Das Buch möchte zu einem Zweischritt anregen: Kinder erhalten einerseits konkrete Antworten aus der Perspektive einer erwachsenen Begleitperson, die sichtbar machen, wie die Bezugsperson selber glaubt. Denn Kinder brauchen Vorbilder und wollen wissen, wie die Menschen, die ihnen wichtig sind, ticken und glauben. Und andererseits werden den Kindern Möglichkeiten eröffnet, eigene Antworten zu finden, sei es durch Weiterentwickeln der Gedanken, sei es durch Abgrenzung, sei es durch Nachahmen, ganz wie das Kind es selbst entscheidet. Vielfach haben Kinder eigene hilfreiche Antworten. Da ist es gut, mit einer Gegenfrage deutlich zu machen, dass Kinder ihren theologischen Entdeckungen trauen dürfen und gültige Antworten für sich entwickeln können: »Wie stellst du dir das denn vor?« So wird erlebbar, wie Große von den Kleinen lernen können. Und auf diese Weise wird »Theologisieren« mit Kindern möglich: gemeinsames Nachdenken über Gott, über uns, über den Glauben und die Welt.

Eine Frage- und Antwortkultur kann sich entwickeln, indem Menschen in der Familie und Kindertagesstätten gemeinsam den christlichen Glauben weiter entdecken und sich kritisch und weltoffen, neugierig und kreativ einlassen auf einen Prozess des Miteinanders in Bezug auf die Dinge, die das Leben – und auch das Sterben – ausmachen.

DIE REIHENFOLGE DER FRAGEN IST EGAL

Die Fragen der Kinder aus Evangelischen Kitas betreffen verschiedene Themen. Sie haben gemeinsam, dass es um Dinge aus unserem Leben und um Fragen geht, die unsere Beziehung zu Gott berühren. In manchen Antworten finden sich deshalb inhaltliche Überschneidungen. Vieles ist miteinander verbunden, und manche theologische Erklärung hilft bei unterschiedlichen Fragen weiter. Die Fragen und Antworten können in beliebiger Reihenfolge gelesen werden. Seien Sie frei in der Auswahl, mit welcher Frage Sie beginnen wollen! Und gehen Sie überhaupt ganz frei mit dem Buch um, nutzen Sie es, wie es Ihnen und den Kindern hilfreich erscheint.

Viel Freude bei spannenden Gesprächen mit Kindern über Gott und die Welt!

WIE IST GOTT?

WIE SIEHT GOTT EIGENTLICH AUS?

Obwohl Menschen immer schon wissen wollten, wie Gott aussieht, kann es niemand genau sagen. Wir wissen nur, dass Gott ganz anders ist als wir Menschen. Gott ist ganz anders, als wir uns überhaupt vorstellen können.

Aber es ist viel einfacher, an jemanden zu denken, wenn wir uns überlegen, wie er oder sie aussieht. Deshalb sprechen wir in Bildern über Gott, so, als ob wir wüssten, wie er oder sie aussieht.

Wenn jemand sagt: »Gott ist mein Hirte«, dann heißt das nicht, dass Gott tatsächlich mit einem Hirtenstab über das Gras geht und auf weiße und schwarze Schafe aufpasst. Sondern es bedeutet: Gott können wir uns so ähnlich wie einen Hirten vorstellen. So wie ein Hirte sich um seine Schafe kümmert (er passt auf sie auf, er sorgt dafür, dass sie etwas zu essen haben), so kümmert sich Gott um uns Menschen.

In der Bibel stehen ganz viele Geschichten, in denen Gott mit Dingen und Menschen verglichen wird, die wir kennen: Gott ist wie das Licht, wie ein Vater, wie eine Mutter, wie ein Herr, ein König, eine Hebamme, ein Adler und vieles andere mehr.

Es macht Spaß, in einer Kinderbibel danach zu suchen, mit welchen Beschreibungen wir Menschen versuchen, Gott besser zu verstehen.

Übrigens, an einer Stelle in der Bibel wird uns Menschen ja gesagt: »Du sollst dir kein Bild von Gott machen.« Das bedeutet: Mach dir nicht zu genaue Vorstellungen von Gott. Du weißt nie genau, wie Gott ist, dafür ist er oder sie eben Gott. Und vor allem: Bete nicht eine Abbildung von Gott an, sondern bete zu Gott selbst.

FÜHLT SICH GOTT IM HIMMEL WOHL?

Gefühle gehören ja zu Menschen. Ob Gott überhaupt Gefühle hat? Was meinst du? Was wir aus der Bibel – dem Buch, in dem Menschen ihre Gedanken über Gott und die Welt festgehalten haben – über Gott wissen können, ist: Gott ist kein Mensch, sondern ganz anders als wir Menschen. Wir hören in den Geschichten davon: Gott kann zum Beispiel überall sein. Und: Gott kann alles. Vielleicht kann Gott sich dann auch wohlfühlen?

Ich glaube, wenn deine Vermutung stimmt und Gott Gefühle hat, dann freut Gott sich über deine Frage. Weil du dich für Gott interessierst. Und weil du möchtest, dass es Gott gut geht.

Jesus hat den Menschen viel von Gott erzählt. Er hat gesagt, dass Gott nicht nur im Himmel ist, sondern immer da, wo wir Menschen sind: hier auf der Erde mitten bei uns. Deshalb können wir auch fragen: Gott, fühlst du dich wohl auf der Erde?

ISST DER LIEBE GOTT AUCH GERNE SCHOKOLADE?

Fast alle Menschen essen gerne Schokolade. Aber Gott ist kein Mensch. Ob Gott überhaupt etwas isst? Ich weiß es nicht. Was meinst du?

Aber ich höre aus deiner Frage auch noch etwas Anderes heraus: Schokolade ist ja besonders lecker. Wenn wir Schokolade geschenkt bekommen und essen, genießen wir sie und merken, dass es uns gut geht! Jemand möchte uns etwas Gutes tun. Darüber freuen wir uns.

Ob Gott auch etwas genießt und sich freut? In der vorherigen Frage ging es schon einmal um Gefühle und Gott.

Wenn Gott etwas genießt – so, wie wir Schokolade genießen –, dann vielleicht das: dass wir Menschen gut zueinander sind. Dass wir aufeinander achten, dass wir anderen etwas abgeben, dass wir anderen zu ihrem Recht verhelfen.

Vielleicht freut sich Gott an Menschen, die für Frieden eintreten, ähnlich wie wir uns freuen, wenn wir Schokolade essen.

IST DER LIEBE GOTT EIN MENSCH?

Das ist eine sehr spannende Frage, die ich mit »nein und ja« beantworte. Gott ist kein Mensch, weil Gott ganz anders ist als wir Menschen. Wie Gott ist, erfahren wir in den Geschichten in der Bibel.

Und: Gott ist tatsächlich einmal Mensch geworden: Vor langer Zeit, etwa vor zweitausend Jahren, ist Gott als Mensch auf die Welt gekommen – in Jesus, den die Menschen dann Christus genannt haben. Du kennst bestimmt die Weihnachtsgeschichte, die im Lukasevangelium Kapitel 2 davon erzählt. Jesus war Gott und Mensch zugleich. Das klingt geheimnisvoll. Auf diese Weise ist Gott ganz dicht bei uns Menschen. Gott wollte selbst auf die Erde kommen und für die Menschen sichtbar werden, weil Gott ganz dicht bei uns sein will. Und zwar in einem Baby. Deshalb sind Gott Kinder besonders wichtig. (Lass dir doch mal die Geschichte vorlesen, in der Jesus die Kinder segnet: Markusevangelium 10,3-16).

In einer Geschichte in der Bibel sagt Jesus einmal, dass wir immer dann, wenn wir einem Menschen etwas Gutes tun, damit auch Gott etwas Gutes tun (Matthäusevangelium 25). Das können wir so verstehen, dass in jedem Menschen ein bisschen von Gott steckt. Was meinst du dazu?

HAT GOTT EINEN WEISSEN BART?

Nirgendwo steht, dass Gott einen weißen Bart hat. Viele Kinder und auch Erwachsene stellen sich Gott aber genauso vor. Woher das wohl kommt?

Weil dir niemand sagen kann, wie Gott aussieht, kannst du dir deine eigenen Gedanken dazu machen. Wie stellst du dir Gott vor? Kannst du dazu etwas malen?

Gott ist kein Mensch, sondern eben Gott. Gott ist keine Frau und kein Mann, aber wir können Gott erleben, wie wir eine Mutter oder einen Vater erleben. Oder wir können Gott erleben wie einen Hirten der aufpasst, und wie eine Adlermutter, die ihre Jungen versorgt.

Als ich klein war, habe ich gedacht, dass Gott so aussieht wie der Hirte auf der blau-gelben Cremedose auf dem Wickeltisch meiner kleinen Schwester: blaues langes Gewand und langer Bart. Heute denke ich manchmal: Gott sieht gar nicht aus, sondern Gott ist wie die Luft, die überall ist. Ich kann sie nicht sehen, und trotzdem atme ich sie ein und lebe von ihr.

HAST DU AUS DEM FLUGZEUG GOTT GESEHEN?

Nein, das habe ich nicht. Weil ich nicht weiß, wie Gott aussieht, kann ich Gott nicht sehen – weder oben in der Luft noch hier auf der Erde.

Obwohl ich mir ganz sicher bin, dass Gott da ist, kann ich ihn oder sie nicht sehen. Hast du schon einmal Sonnenstrahlen auf deinem Arm gespürt, wenn die Sonne scheint? Sehen können wir die Strahlen der Sonne nicht, aber wir merken, wie schön warm es auf der Haut wird. So ähnlich stelle ich es mir mit Gott vor.

WER HAT GOTT EIGENTLICH GEBOREN?

Auf diese Frage gibt es mindestens drei Antworten: Erstens können wir sagen: Gott war immer da. Schon bevor es die Welt gab, gab es Gott. Deshalb wurde Gott auch nicht geboren, so wie Menschen und Tiere geboren werden.

Und zweitens können wir auf diese schlaue Frage antworten: Gott will bei uns Menschen sein. Damit wir das merken, ist Gott vor langer Zeit auf die Welt gekommen: Gott ist in Jesus geboren worden. Und Maria war seine Mutter und hat Jesus geboren. Jesus war ein Mensch und gleichzeitig war er Gott. Du kannst dir diese Erzählung in der Weihnachtsgeschichte im Lukasevangelium im zweiten Kapitel vorlesen lassen.

Und drittens können wir auch sagen: Wir haben alle ein bisschen von Gott in uns. In der Bibel gibt es eine Geschichte dazu, in der es sich die Menschen so vorgestellt haben (1. Mose 2): Gott formt die Menschen aus Ton. Damit sie leben, haucht Gott ihnen Gottes Atem ein. Deshalb kann man auf die Frage auch antworten: Mit jedem Baby, das auf die Welt kommt, wird Gott wieder neu geboren.

Vielleicht hast du ja noch eine weitere Antwort auf die Frage?

WOHER WISSEN WIR EIGENTLICH, WIE GOTT IST?

Kein Mensch kann sagen, wie Gott ist. Wir können nur sagen, wie Gott für uns ist. Jeder Mensch erlebt Gott unterschiedlich, weil wir alle ganz unterschiedliche Erfahrungen im Leben machen. Deshalb glauben Menschen unterschiedlich. Aber es gibt so etwas wie ein Geländer zum Festhalten beim Glauben: Geschichten von Menschen, die vor uns über Gott und die Welt lange nachgedacht haben und viel mit Gott erlebt haben. Diese Geschichten sind aufgeschrieben in einem großen Buch, das Bibel heißt. Es ist das berühmteste Buch der Welt. Eigentlich ist es eine Sammlung von ganz vielen Büchern. Darin finden sich sehr, sehr viele Geschichten über Gott und über uns Menschen.

Die Bibel ist nicht von Gott geschrieben. Und Gott hat auch nicht irgendeinem Menschen diktiert, was er oder sie schreiben soll. Die Menschen haben Gott erlebt und auf ihre Weise, so, wie sie Gott verstanden haben, von Gott erzählt. Deshalb sind die Geschichten in der Bibel auch so verschieden. Es ist nicht immer alles genau so passiert. Vieles steht da, weil Menschen es sich so gedacht haben. Auch wenn es in Wirklichkeit anders war. Aber es ist trotzdem wahr, weil in der Geschichte etwas steckt, das für alle Menschen von Bedeutung ist.

Ich versuche, es dir mit einer Geschichte zu erklären: Es gab mal einen Mann, der erschlug seinen Bruder, weil er dachte: Gott hat meinen Bruder viel lieber als mich, das ertrage ich nicht. Gott – so sagt die Geschichte – fand es überhaupt nicht gut, dass der Mann, der Kain hieß, seinen Bruder Abel erschlagen hat. Aber trotzdem hatte Gott Kain genauso lieb wie vorher, obwohl er so etwas Schlimmes getan hat. Das hat Gott Kain dann gezeigt (1. Mose 4).

Ob diese Geschichte nun genau so passiert ist oder nicht, ist nicht das Wichtige an ihr. Wichtig ist, dass in der Geschichte sichtbar wird: So ist das mit Gott, das gilt auch für dich: Wenn du etwas sehr Schlimmes machst, dann findet Gott das sicher nicht gut. Aber Gott hat auch dich, heute noch, viele, viele Jahre nach Kain und Abel, lieb – auch wenn du etwas tust, das nicht gut ist.

Deshalb helfen uns die Geschichten aus der Bibel, etwas über Gott zu erfahren. Und zu wissen, was und wie wir glauben können. Aber deinen Glauben kannst du nur selbst entdecken, nach und nach. Wir sind nie fertig mit dem eigenen Glauben an Gott. Es ist sehr spannend, dass der Glaube auch weiterwachsen kann, wenn man schon groß ist.

WAS KANN GOTT?

SIEHT GOTT WIRKLICH ALLES?

Die Frage müssten wir ja eigentlich Gott selbst stellen. Was meinst du denn?

Ich stelle mir vor, dass Gott überall ist und wirklich immer alles sieht. Und ich stelle mir vor, dass Gott dabei lächelt und sich freut, uns zu sehen. Manchmal schaut Gott vielleicht auch traurig auf uns, wenn bei uns die Dinge nicht gut laufen. Auf jeden Fall – so glaube ich – geht es Gott nicht darum, uns zu beobachten oder zu kontrollieren, sondern voller Liebe dabei zu sein bei allem, was wir tun.

MACHT GOTT REGEN UND SCHNEE?

Wenn du das einen Menschen fragst, der sich mit dem Wetter auskennt und der nicht an Gott glaubt, wird er oder sie dir vielleicht so antworten: Regen und Schnee werden nicht von Gott gemacht. Regen fällt auf die Erde, wenn feuchte, warme Luft in den Wolken auf kalte Luft trifft. Schnee entsteht, wenn die feuchte, warme Luft auf eiskalte Luft trifft.

Wer an Gott glaubt, kann sagen: Ja, so ist es, und trotzdem macht Gott Regen und Schnee, weil ich glaube, dass Gott hinter allem steckt.

Weil Gott will, dass die Erde da ist, gibt es die Erde. Weil Gott will, dass Menschen da sind, gibt es Menschen. Weil Gott will, dass der Regen den Pflanzen Wasser gibt und wir Menschen ihn zum Leben brauchen, gibt es Regen. Und weil Gott will, dass wir Spaß im Schnee haben, gibt es Schnee. Christ*innen finden, es geht beides: das, was die Forschung über die Natur entdeckt, ernst zu nehmen und gleichzeitig daran zu glauben, dass hinter allem Gott als Schöpfer steht.

WIE KAM DER ERSTE MENSCH AUF DIE WELT?

Heute wissen wir, dass sich die Menschen über viele Millionen Jahre entwickelt haben. Dass also nicht irgendwann plötzlich der erste Mensch da war, sondern dass sich aus menschenähnlichen Lebewesen die Menschen langsam entwickelt haben.

Vor etwa zweieinhalbtausend Jahren wusste man das noch nicht. Um trotzdem eine Antwort auf die Frage zu bekommen, wie der erste Mensch auf die Welt kam, haben sich die Leute damals eine Geschichte erzählt. Du findest sie ganz vorne in der Bibel. Sie erzählten: Nachdem Gott die Erde gemacht hat und das Licht und die Pflanzen und die Tiere, wollte Gott, dass es noch mehr gibt auf der Welt. Deshalb schuf Gott den Menschen. Weil der Mensch mit Gott reden kann und für Frieden auf der Erde sorgen soll und Gott für die Menschen da sein will. »Es war sehr gut«, heißt es in dieser Schöpfungsgeschichte.

Menschen, die an Gott glauben, können beide Vorstellungen zusammensehen: Es ist gut zu wissen, dass die Wissenschaft herausgefunden hat, dass die Menschen sich nach und nach aus anderen Lebewesen entwickelt haben, und trotzdem hat es mit Gott zu tun, weil Gott es so gewollt hat. Hinter der Entwicklung der Welt steht Gottes Idee von den Menschen und den Tieren und dem Zusammenleben auf der Erde. Die Schöpfungsgeschichte ist ein schönes Bild dafür, dass Gott uns Menschen auf der Erde haben will, dass wir von Gott geliebt sind und Gott möchte, dass es uns gut geht.

WIE MACHT DER LIEBE GOTT UNS?

Diese Fragen stellen sich noch ganz viele andere Menschen. Vor langer Zeit haben es sich die Menschen so vorgestellt und in der Bibel aufgeschrieben (1. Mose 2): Gott ist wie ein Töpfer und formt die Menschen aus Lehm. Damit richtig Leben in die Menschen hineinkommt, bläst Gott ihnen dann Gottes Atem ein. Es ist schön, sich vorzustellen: Gott atmet in uns.

Andere Menschen haben gedacht: Gott schafft die Menschen einfach, indem Gott sagt: Es soll Menschen geben. Die Schöpfungsgeschichte ganz am Anfang der Bibel, 1. Mose 1, erzählt davon. Auch wenn wir nicht genau wissen, auf welche Weise es geschieht, können wir sicher sein: Wir sind von Gott geschaffen, auch du. Gott möchte, dass es uns gibt.

HAT GOTT DIE ERDE WIRKLICH IN SIEBEN TAGEN GEMACHT?

Dass Gott die Erde in sieben Tagen erschaffen hat – das haben die Menschen vor etwa zweieinhalbtausend Jahren gedacht, als sie eine Geschichte von der Entstehung der Erde erzählt haben (1. Mose 1). Am ersten Tag: Licht und Finsternis, Nacht und Tag. Am zweiten Tag: den Himmel. Am dritten: trockene Erde und Meer, Gras, Kraut und Bäume mit Früchten. Am vierten Tag: Sonne, Mond und Sterne. Am fünften Tag: Tiere im Wasser und Tiere in der Luft. Und am sechsten Tag: Tiere auf der Erde, auch Würmer, Tiere des Feldes. Und Menschen, nach dem Bilde Gottes, die auf alles gut aufpassen sollen. Und Gott sah alles an, und es war gut so. Und am siebten Tag ruhte Gott aus.

Heute wissen wir: Die Erde ist nach und nach entstanden, das hat sehr viel länger gedauert als sieben Tage, nämlich Milliarden von Jahren. Das Schöne an der Geschichte von der Schöpfung in sieben Tagen ist: Sie sagt, dass wir es Gott zu verdanken haben, dass sich die Erde nach und nach entwickelt hat. Gott will, dass alles gut und geordnet ist auf der Erde. Wir Menschen sollen uns um die Tiere und Pflanzen kümmern und sorgfältig mit ihnen umgehen. Weil wir alle Geschöpfe Gottes sind, sollen wir freundlich zu anderen Menschen sein. Und: Das Leben besteht nicht nur aus Arbeit und Pflichten. Am siebten Tag in der Woche sollen wir – wie Gott – Pause machen und etwas tun, was uns und der Erde guttut.

6. Tag
Erde
Meer
2. Tag

WIE MACHT GOTT DAS, WENN EIN MENSCH UM ETWAS BETET UND EIN ANDERER BETET GENAU DAS GEGENTEIL?

Ich finde, das ist eine sehr spannende Frage. Ich frage mich das auch schon sehr lange, eigentlich seit ich als Kind von Gott gehört habe. Ich habe noch keine Antwort darauf gefunden, nur kleine Antwortstückchen. Was glaubst du denn, wie Gott das macht?

Ob Gott vielleicht sehr gut darin ist, dafür zu sorgen, dass es verschiedene Menschen gleichzeitig gut haben? Oder überlegt Gott, in welchem der Gebete am meisten Wunsch nach Frieden drinsteckt, und folgt diesem Gebet? Oder ist es bei Gott möglich, dass es für beide Seiten gleich gut wird, obwohl es nicht zusammenpasst?

MUSS GOTT AUCH MAL SCHLAFEN? WER PASST DANN AUF MICH AUF?

Deine Frage haben sich schon viele andere Menschen auch gestellt. Vor vielen hundert Jahren hat jemand in einem alten Lied für sich eine Antwort auf diese Frage gefunden. Das Lied heißt Psalm 121 und steht in der Bibel. Da heißt es etwa: »Gott schläft nicht, niemals, Gott döst noch nicht mal ein bisschen, sondern behütet immer alle Menschen.«

Da Gott ganz anders ist als wir Menschen, gehört Schlaf vielleicht nicht zu Gott?

Manchmal machen Menschen auch die Erfahrung: Ich habe das Gefühl, dass Gott überhaupt nicht auf mich aufgepasst hat, als etwas Schlimmes passiert ist. Auch das scheint irgendwie zum Glauben an Gott dazuzugehören: Manchmal wissen wir nicht, wie Gott das meint und was Gott mit uns vorhat. Dann sind die alten Gedanken aus der Bibel besonders gut zu hören: Wir können auf Gott vertrauen, auch wenn wir nicht immer alles verstehen, was los ist.

WARUM LÄSST GOTT BÖSES AUF DER WELT ZU?

Mama, ich
vermisse Dich

WARUM LÄSST GOTT ZU, DASS ES MENSCHEN SCHLECHT GEHT?

Seit vielen, vielen Jahren stellen sich Menschen genauso wie du diese Frage.

Kann Gott nicht dafür sorgen, dass es kein Leiden gibt? Aber Gott kann doch alles!

Will Gott nicht, dass es kein Leiden gibt? Aber Gott hat uns doch unendlich doll lieb!

Früher sagten die Menschen: »Wenn es jemandem schlecht geht, hat er selbst schuld; Gott bestraft ihn für das Böse, das er getan hat.« Heute denken wir in der Kirche anders darüber. Gott hat uns lieb, egal, wie wir uns verhalten. Gott findet bestimmt nicht alles gut, was wir tun, aber Gott hat uns trotzdem unendlich lieb und möchte, dass wir gut leben können, ohne Leiden.

Aber warum gibt es dann Leiden, wenn Gott uns liebhat und es keine Strafe ist? Vielleicht ist das die größte Frage überhaupt, wenn wir an Gott glauben. Ich habe keine Antwort darauf, aber ich kann dir erzählen, wie ich damit lebe, dass es keine Antwort gibt auf die Frage: Ich glaube, dass Gott viel größer ist, als ich es mir vorstellen kann, deshalb verstehe ich auch nicht immer alles, was Gott macht. Trotzdem vertraue ich Gott, das Gott es gut mit mir und uns meint.

Und ich glaube – auch wenn ich nicht weiß, warum Gott das Leiden zulässt –, dass Gott bei den Menschen ist, denen es schlecht geht. Gott ist immer genau da, wo Menschen leiden, und hilft den Menschen, dass sie das Leiden ertragen können, und trägt das Leiden mit.

Und wie stellst du dir das vor?

WARUM MACHT GOTT BEHINDERTE KINDER?

Auch wenn wir oft nicht wissen, warum Kinder mit Behinderungen auf die Welt kommen, können wir uns sicher sein: Gott hat sie genauso lieb wie alle anderen Kinder.

Jesus hat sich besonders um Menschen gekümmert, denen es nicht so gut ging wie anderen. Das hat ihnen gezeigt, dass Gott gerade auf ihrer Seite ist. Sie sind genauso wertvoll und würdevoll wie alle anderen Menschen auch. In der Bibel kannst du dazu zum Beispiel die Geschichte von Bartimäus lesen (Markusevangelium 10,46-52). Übrigens sind viele Kinder mit Einschränkungen mindestens genauso glücklich wie Kinder ohne Behinderungen.

Bei Jesus konnten die Menschen lernen, dass bei Gott nichts unmöglich ist. Das nennt man Hoffnung. Und hoffen, dass es gut wird, können wir auch dann, wenn wir nicht verstehen, warum etwas so ist, wie es ist.

WARUM VERHUNGERN KINDER?

Diese Frage müssen wir eher den Menschen stellen als Gott. Gott möchte sicherlich überhaupt nicht, dass Kinder sterben, weil sie schlecht versorgt sind. Jedes Kind wird von Gott geliebt und soll eigentlich alles Gute zum Leben haben: zu essen, ein Zuhause, sauberes Wasser, es soll zur Schule gehen können und geliebt werden.

Aber in unserer Welt geht es nicht gerecht zu, weil viele Menschen, denen es besser geht, wollen, dass das so bleibt – auch wenn es anderen dafür schlechter geht; weil einige Menschen sehr viel Geld haben und andere sehr wenig; und weil die Reichen mehr in der Welt entscheiden als die Armen.

Wenn es nach Gott ginge – da bin ich mir sicher –, sollten wir alle schnell dafür sorgen, dass keine Menschen mehr verhungern müssen. Denn so groß die Welt auch ist: Es müsste niemand Hunger haben. Es hat mit uns Menschen zu tun, wenn es nicht gerecht zugeht in der Welt.

Frag doch mal deine Eltern, was ihr dafür tun könntet, dass es in der Welt gerechter zugeht und dass es mehr Kindern besser geht.

WARUM GIBT ES KRIEG?

Menschen fangen Kriege an. Weil sie nicht wissen, wie sie sonst einen Streit austragen sollen. Oder weil sie ihre Macht zeigen wollen. Oder weil sie Angst haben vor anderen Völkern. Oder weil sie reich bleiben wollen und es ihnen weiterhin besser gehen soll als anderen. Manchmal auch, weil sie verhindern wollen, dass andere Menschen unterdrückt werden. Christ*innen glauben aber: Krieg darf nach Gottes Willen nicht sein.

Deshalb ist es gut, dass du diese Frage stellst. Je mehr Menschen das fragen, desto größer wird die Chance, dass irgendwann überall auf der Welt Frieden ist. Darum geht es in der Welt: dass Frieden wird.

In der Bibel wird davon erzählt, dass eines Tages alle Menschen friedlich miteinander leben werden (zum Beispiel Jesaja, Kapitel 11). Dass dann alles gut wird und es nichts Böses mehr gibt in der Welt; das wird dann »Reich Gottes« genannt. Auch wenn dieses Reich Gottes manchmal sehr weit weg erscheint: Die Bibel verspricht, dass Gott es uns eines Tages schenken wird. Darauf zu vertrauen tut gut. Damit es kommt, kann jeder Mensch ein bisschen dafür sorgen, dass so wenig Krieg und so viel Frieden wie möglich ist.

Übrigens: In der Bibel gibt es Geschichten von Kriegen, wo Gottes Volk gegen andere kämpft und Menschen beschreiben, dass Gott dafür sorgt, dass sie gewinnen. Ich glaube, auf diese Weise können wir heute gar nicht mehr an Gott glauben. Heute glauben wir: Gott will keine Kriege. Weil Kriege die Menschen töten und traurig machen und weil Gott doch will, dass alle Menschen gut leben können. Gott ist immer auf der Seite der Menschen, denen es schlecht geht, auch im Krieg.

WARUM GIBT ES SCHMERZEN?

Schmerzen können schrecklich sein. Dabei sind sie eigentlich wichtig. Schmerzen sagen uns, dass etwas in unserem Körper nicht in Ordnung ist. Würden wir keine Schmerzen haben, würden wir weitermachen wie bisher. Ein gebrochener Arm zum Beispiel könnte dann niemals heilen, weil wir den Arm immer weiter benutzen würden, so, als sei er gesund. Erst die Schmerzen bringen uns dazu, ihn zu schonen.

Auch im Gehirn weisen die Schmerzen darauf hin: Achtung! Hier am Arm, da ist etwas los, da muss jetzt gerade alle Aufmerksamkeit des Körpers hingeschickt werden, damit dort schnell Heilung einsetzen kann. Also sind Schmerzen eigentlich etwas Gutes, so etwas wie ein gefühltes »Achtung!«-Schild.

WIE WAR DAS MIT JESUS?

WIESO IST JESUS IM STALL AUF DIE WELT GEKOMMEN?

Als Maria mit Jesus schwanger und mit Josef unterwegs war, fanden sie keine andere Übernachtungsmöglichkeit als einen Stall. Jesus ist ja Gottes Sohn, und zugleich ist in Jesus Gott selbst auf die Welt gekommen. Davon singen wir in den Weihnachtsliedern.

Wir glauben: Gott ist mit Absicht in einem Stall zu den Menschen gekommen und nicht in einem Palast oder in einem weichen Bett. Weil Gott da sein will, wo die Menschen sind. Und besonders bei den Menschen, denen es nicht so gut geht, die nicht in einem Schloss leben und reich sind, sondern arm oder krank und nur so etwas wie einen Stall haben zum Übernachten, oder ein Zelt oder eine Hütte in einem Flüchtlingslager.

Wegen der Sache mit dem Stall in der Weihnachtsgeschichte (Lukasevangelium, 2. Kapitel) wissen wir: Gott braucht es nicht glänzend schön. Aber do, wo Menschen sind, ist Gott auch, und da fängt es plötzlich an zu glänzen – wie durch den Stern, der über dem Stall steht.

WARUM HEISST JESUS EIGENTLICH JESUS?

Jesus ist das Kind von Maria. Josef war der Mann von Maria. Sie haben ihrem ersten Sohn den Namen »Jesus« gegeben. »Jesus« bedeutet: »Gott ist Hilfe«. In der Bibel steht (Lukasevangelium, 1. Kapitel): Ein Engel hat Maria gesagt, dass sie ihr Kind so nennen soll. Denn Jesus wird Gottes Sohn sein.

HATTE JESUS ZWEI PAPAS?

Ja, irgendwie schon. Jesus ist der Sohn von Gott. Damit hat Jesus Gott als Vater. Und im Lukasevangelium Kapitel 2 kannst du lesen: Josef war der Mann von Maria, und Jesus ist bei Maria und Josef aufgewachsen. Damit ist Josef auch der menschliche Papa von Jesus.

Das gilt übrigens auch für uns, für dich, für mich, für deine Eltern: Wir sind auch Kinder Gottes und Kinder unserer Eltern. Deshalb können wir auch zu Gott »Vater« sagen, und auch »Mutter«, weil Gott wie ein Vater und wie eine Mutter zu uns ist. Also haben wir auch zwei Papas oder zwei Mamas.

WARUM HABEN DIE BÖSEN MENSCHEN GESAGT: JESUS SOLL STERBEN?

Auf diese Frage gibt es verschiedene Antworten.

Eine Antwort lautet: Jesus hat sich um alle Menschen gekümmert. Besonders um die Armen und Kranken. Um die, mit denen die meisten nichts zu tun haben wollten. Jesus wollte, dass es ihnen gut geht, weil für Gott alle Menschen wertvoll sind. Das war für viele neu. Und einigen passte das gar nicht. Sie wollten, dass Jesus das nicht mehr verbreiten kann. Deshalb sollte Jesus getötet werden.

Außerdem waren die Menschen in Israel, wo Jesus lebte, damals nicht frei, sondern von einem anderen Volk, den Römern, beherrscht. Einige Menschen in Israel hatten Angst: Wenn Jesus dem Volk zeigt, wie es besser und frei leben kann, dann kämpfen die Römer vielleicht noch stärker gegen die Menschen in Israel. Und am Ende geht es allen womöglich noch schlechter als vorher. Deshalb fanden sie: Jesus muss weg.

Noch eine andere Erklärung ist: Jesus ist ja von Gott geschickt worden, damit er die Welt rettet. Und von diesem Retter für die Welt hat es schon lange, bevor Jesus da war, geheißen: Er wird es nicht leicht haben, und am Ende werden ihn die Menschen töten.

Das Besondere am Tod Jesu ist: Jesus ist nicht im Tod geblieben, sondern auferstanden. Damit wird uns gesagt: Mit dem Tod ist nicht alles vorbei, sondern etwas Neues fängt an – das Leben bei Gott. Auch für uns. Die Geschichten vom Tod Jesu und seiner Auferstehung findest du in der Bibel, zum Beispiel im Markusevangelium, Kapitel 14 bis 16.

WAS IST AUS JESUS UND DEN ANDEREN GEWORDEN?

Nachdem Jesus gestorben war, haben seine Freundinnen und Freunde erfahren und miterlebt, dass Jesus auferstanden ist. Damit ist der Tod besiegt. Immer wieder begegnete Jesus ihnen, damit sie es wirklich glauben konnten (Johannesevangelium, Kapitel 20 und 21). Nach vierzig Tagen verabschiedete Jesus sich von ihnen und ging dann ganz zu Gott (Apostelgeschichte, Kapitel 1).

Die Menschen damals meinten, Jesus sei in den Himmel gefahren. (Daran denken wir am Himmelfahrtsfest.) Erst waren sie ein bisschen einsam ohne Jesus. Aber Jesus hatte ihnen versprochen, dass er etwas schickt, das die Menschen tröstet. So kam zehn Tage später, am Pfingstfest (Apostelgeschichte, Kapitel 2), etwas von Gott zu den Menschen, das die Menschen fühlen konnten. Die Menschen nennen es den Heiligen Geist.

Durch den Heiligen Geist merkten die Menschen, dass Gott tatsächlich da ist, in ihnen, mitten bei ihnen. Das fanden sie so wundervoll, dass sie allen anderen Menschen davon erzählen wollten.

Die Freundinnen und Freunde von Jesus blieben zusammen, und es kamen immer mehr hinzu. So wurden es nach und nach sehr viele Menschen, die an Gott und Jesus glaubten. Und daraus wurde die Kirche. Jedes Jahr feiern wir das am Pfingstfest. Bis heute werden in der Kirche die Geschichten von Gott und Jesus weitererzählt.

WIESO KANN JESUS AUF EINER WOLKE IN DEN HIMMEL FAHREN?

Das mit der Wolke ist schon merkwürdig. Vorstellen kann ich es mir nicht, weil ja eigentlich niemand auf einer Wolke schweben kann. Aber bei Gott ist manches anders, als wir es uns vorstellen können. Das ist das Spannende an den biblischen Geschichten: Man muss genau hinhören und entdecken, was sie eigentlich sagen wollen.

Die Geschichte über die Himmelfahrt ist ja eine besondere Geschichte (Apostelgeschichte 2): Du weißt vielleicht, dass Jesus gekreuzigt wurde und gestorben ist. Nach drei Tagen, am Ostersonntag, ist er von Gott auferweckt worden. Gott zeigt uns Menschen mit der Auferstehung Jesu, dass mit dem Tod nicht alles vorbei ist. Denn mit dem Tod beginnt ein neues Leben bei Gott.

Damit die Menschen so etwas Schwieriges verstehen konnten, blieb Jesus noch einige Zeit auf der Erde. Immer mal wieder kam er zu seinen Freundinnen und Freunden. Er erzählte ihnen, dass es nach dem Tod ein Leben bei Gott gibt. Sie sollten allen Menschen davon erzählen.

Vierzig Tage nach Ostern trafen sich Jesu Freundinnen und Freunde noch einmal mit ihm. Sie gingen zu einem Berg. Jesus sagte, dass er jetzt endgültig zu Gott geht und seine Freundinnen und Freunde ihn dann nicht mehr sehen. Aber sie können ihn spüren, in ihren Herzen und in ihren Köpfen. Dafür versprach Jesus, den Heiligen Geist zu schicken.

Nachdem Jesus das gesagt hatte – heißt es –, kam eine Wolke und nahm ihn mit in den Himmel. Jesus verschwand vor den Augen seiner Leute, aber sie wussten nicht, wie. (Daran denken wir am Himmelfahrtsfest.)

Die Wolke ist ein Bild dafür, dass im Glauben manches gar nicht so richtig zu durchschauen ist, irgendwie »nebulös« bleibt. Bei Gott ist manches anders, als wir es uns vorstellen. Manches müssen wir auch gar nicht verstehen, oder wir machen uns einfach unsere eigenen Gedanken dazu. Wie stellst du dir das mit der Wolke vor?

WIE IST DAS MIT DEM TOD?

MAMA, KANNST DU DEM LIEBEN GOTT ERZÄHLEN, DASS ICH NIE STERBEN WILL?

Deine Mama kann Gott darum bitten, dass du ein ganz, ganz langes Leben hast. Und dass dein Leben wunderschön ist und du es gut hast. Übrigens bedeutet der Segen, den manche Eltern ihren Kindern geben oder den du im Gottesdienst bekommst, genau das: Gott sagt: »Alles Gute für dich. Und ein langes Leben!«

Allerdings gehört zu jedem Leben dazu, dass es irgendwann auch einmal zu Ende sein wird. Jedenfalls das Leben auf der Erde. Bei Gott leben wir auch nach dem Tod weiter, aber ganz anders als hier auf der Welt. Wie das Leben nach dem Tod sein wird, das wissen wir erst später, wenn wir selbst gestorben sind. In der Bibel können wir nur lesen, dass es gut sein wird, wenn wir bei Gott sind, wie auch immer es sein wird.

WARUM WERDEN WIR BEERDIGT, WENN WIR TOT SIND? UND WIE KOMMEN WIR DENN DANN ZU GOTT?

Mit der Beerdigung ist das so: Wenn wir sterben, brauchen wir unseren Körper nicht mehr. Der Körper wird nur für das Leben auf der Erde benötigt, damit wir hier atmen und herumgehen können, damit wir essen und uns unterhalten und Mama und Papa anfassen und ein Tier streicheln und ein Wettrennen machen können. Wenn wir gestorben sind, hören wir auf, zu atmen und zu essen und zu rennen, deshalb brauchen wir den Körper dann nicht mehr.

Aber jeder Körper ist ja etwas Wunderbares und deshalb wichtig. Nach dem Tod wird gut mit ihm umgegangen: Viele Menschen wünschen sich, dass der Körper nach dem Tod in ein Grab in die Erde kommt. Dort vergeht er dann nach und nach und wird wieder zu Erde.

Für die Familie kann so ein Grab wichtig sein. Zu dem Grab kann man hingehen und es mit Blumen und einem Grabstein, mit Kerzen und Bildern verschönern. Am Grab kann man gut zu Gott beten.

Wie wir zu Gott kommen, willst du wissen? Ich verlasse mich darauf, dass Gott ganz sicher dafür sorgt, dass nach dem Tod alle Menschen bei Gott sind. Ich stelle mir vor, dass ich dann wie in eine große Hand gekuschelt von Gott getragen werde.

Es ist schön, dass sich jeder Mensch seine eigene Vorstellung machen kann. Was stellst du dir vor?

WIE KOMMT MEIN OPA IN DIE DOSE?

Das ist eine sehr spannende Frage. Christinnen und Christen glauben: Wenn wir gestorben sind, kommen wir zu Gott. Jedenfalls das, was unsere Person ausmacht, kommt zu Gott: unsere Seele (schau mal unter »Was ist eine Seele?« S. 75). Unseren Körper brauchen wir bei Gott nicht mehr. Er darf dann wieder zur Natur werden. Entweder wird der tote Körper in einem Sarg in der Erde begraben. Oder er wird verbrannt. Das, was nach dem Verbrennen noch bleibt, ist die Asche. Die Asche kommt in eine »Dose«, die man Urne nennt. In einer gottesdienstlichen Trauerfeier wird eine Urne dann auch auf einem Friedhof in der Erde begraben.

Auch wenn der Körper nicht mehr da ist, können wir an den verstorbenen Menschen denken und in Gedanken mit ihm zusammensein. Und: Obwohl niemand sagen kann, wie es bei Gott ist, wissen wir: Es ist gut bei Gott.

WAS GIBT ES IM HIMMEL ZU ESSEN?

So wirklich weiß das niemand, weil wir das »im-Himmel-Sein« erst kennenlernen, wenn wir selbst gestorben sind.

Ich würde sagen: Im Himmel brauchen wir nichts zu essen. Dort ist alles sowieso gut und schön. Wir kommen dort ohne unseren Körper aus, also auch ohne Essen und Trinken.

Allerdings: Wenn im Himmel bei Gott alles wunderbar ist, dann gehört da vielleicht auch etwas Leckeres zum Essen dazu? Vielleicht ist der Himmel ja doch voll von Erdbeereis? Was meinst du? Weil wir es nicht genau sagen können, kann sich jeder Mensch seine eigenen Gedanken über den Himmel machen.

Übrigens ist mit Himmel ja nicht nur der Wolkenbereich über unseren Köpfen gemeint. Sondern der Himmel ist da, wo Gott ist, und Gott kann überall sein. Deshalb kann es auch auf der Erde »himmlisch« sein.

KOMMEN FISCHE AUCH IN DEN HIMMEL?

In der Bibel steht, dass Gott nicht nur die Menschen, sondern alle Geschöpfe lieb hat und für sie sorgt (1. Mose 1; Psalm 36 u. a.). Ob das bedeutet, dass auch bei den Tieren mit dem Tod nicht alles vorbei ist, sondern dass sie ein Leben bei Gott haben? Was meinst du?

WANN KOMMT MEINE LIEBE OMA DENN WIEDER RUNTER? ICH MÖCHTE SIE ANFASSEN.

Du bist traurig, weil deine Oma gestorben ist, und hast Sehnsucht nach ihr.

Es tut sehr weh, Abschied zu nehmen. Das Traurigsein kann sehr lange andauern, und es darf auch lange dauern. Deshalb ist es gut, dass du nach deiner Oma fragst. Es kann dir helfen, wenn du mit anderen Menschen redest und ihnen von deiner Traurigkeit erzählst.

Gott hat uns versprochen, dass die Menschen zu Gott kommen, wenn sie gestorben sind. Sie haben dann ein neues Zuhause: Sie wohnen bei Gott. Wie es genau bei Gott ist, wissen wir Menschen hier auf der Erde noch nicht. Aber Gott sagt: »Es ist schön und gut.« Ich stelle mir vor, dass es sich warm anfühlt und frei und ohne Schmerzen und sehr glücklich. Vielleicht so, wie du dich fühlst, wenn es dir supergut geht. Oder sogar noch schöner.

Wenn deine Oma gestorben ist, kommt sie nicht mehr wieder. Manchmal sagen Erwachsene: Jemand ist »eingeschlafen«. Dann könnte man denken, der Mensch wacht irgendwann wieder auf. So ist es mit dem Tod aber nicht. Wenn Menschen sterben, kommen sie nicht wieder. Und trotzdem leben sie weiter, aber anders als bisher. Nicht mehr auf der Erde bei uns, sondern bei Gott. Deine Oma auch. Wir behalten etwas von den gestorbenen Menschen in uns drin, im Herzen und in den Gedanken. Wenn du dich an deine Oma erinnerst, wenn du anderen von ihr erzählst oder dir Geschichten von ihr erzählen lässt, wenn du eine Kerze anzündest und an sie denkst und wenn du Bilder malst, dann ist etwas von deiner Oma in dir lebendig. Das kannst du nicht anfassen, aber innen drin fühlen.

WARUM KANN OPA NICHT AUFERSTEHEN?

Ich glaube: Dein Opa ist, wenn er gestorben ist, auferstanden. Er lebt bei Gott, allerdings nicht hier, bei uns auf der Erde. Deshalb kannst du ihn auch nicht treffen.

Nur Jesus war nach seiner Auferstehung richtig zu sehen. Allerdings hat er seine Freundinnen und Freunde nur eine Zeitlang getroffen, vierzig Tage lang. An Himmelfahrt ist auch Jesus für immer zu Gott gegangen, wie dein Opa auch.

Mit dem Auferstehen ist es vielleicht ein bisschen so wie mit einem alten und einem neuen Kleidungsstück: Wenn du einen alten Pullover voller Löcher hast, der dir zu klein ist, brauchst du ihn nicht mehr. Du bekommst dann einen neuen, anderen, der dir passt und der schön ist. Auferstehen kann bedeuten: das alte Kleidungsstück ablegen und bei Gott ein neues, schönes Kleidungsstück anziehen.

Du könntest ja mal deinen Opa malen, wie du ihn dir jetzt bei Gott vorstellst!

WARUM RETTET GOTT DIE MENSCHEN NICHT VOR DEM TOD?

Das wäre schön, wenn niemand sterben müsste. Das wünschen wir uns wohl alle. Aber wie wäre es dann auf der Erde, wenn immer alle Menschen dablieben? Kannst du dir das vorstellen?

Warum Gott das Leben und den Tod geschaffen hat, das weiß nur Gott. Wir können aber sehen, dass überall in der Natur zum Leben auch das Sterben dazugehört: Im Herbst verlieren die Bäume ihre Blätter, im Winter sind sie kahl. Alte Pflanzen vergehen. Alle Tiere sterben irgendwann, und wir Menschen auch. Und zugleich können wir in der Natur entdecken: Wenn etwas vergeht, entsteht auch neues Leben.

Und wir wissen noch etwas: Mit dem Tod hört nur das Leben auf der Erde auf, wie wir es kennen. Aber Gott hat versprochen: Es gibt ein neues Leben, ein Leben bei Gott. Wie es genau bei Gott ist, wissen wir erst später, wenn wir selbst gestorben sind. Aber wir können daran glauben, dass Gott es sehr gut mit uns meint. Das Leben bei Gott – das ewige Leben – ist schön. Vielleicht hält Gott uns dann in den Armen. Wie stellst du dir das Leben bei Gott vor?

WARUM KÖNNEN MEINE ELTERN NICHT EWIG LEBEN?

Ja, das wünschen sich ganz viele Kinder.

Und trotzdem gehört es zu uns Menschen dazu, dass wir alle nicht ewig leben, sondern irgendwann sterben müssen. Dazu will ich dir eine Geschichte erzählen:

Zwei Kinder sitzen auf einem Baum. Das eine Kind sagt: »Ich möchte, dass meine Eltern ewig leben.«

»Warum?«, fragt das andere Kind.

Das erste Kind antwortet: »Damit sie immer bei mir sind!«

»Warum sollen sie immer bei dir sein?«, fragt das andere Kind.

»Damit ich nicht alleine bin.«

»Das verstehe ich«, antwortet das zweite Kind. »Aber später, wenn du groß bist und deine Eltern schon sehr alt sind, dann sind sie nicht mehr so fit. Und noch viel später werden sie vielleicht schwach und dann krank. Und wenn sie ganz alt und ganz krank werden, dann tut ihnen Gott vielleicht sogar einen Gefallen, wenn sie nicht ewig leben! Jedenfalls nicht auf der Erde ewig. Bei Gott dann schon ewig.«

Das erste Kind denkt nach und sagt: »Ja, schon. Bei Gott leben ist auch gut. Aber dann sind sie ja nicht mehr bei mir.«

»Nicht mehr in deinem Haus, aber in deinem Herzen und in deinem Kopf.«

»Stimmt!«, sagt das Kind und lächelt.

WARUM HAT GOTT MICH NICHT LIEB, ODER: WARUM MUSSTE MEIN PAPA STERBEN?

Ich bin mir ganz sicher: Dass dein Papa sterben musste, bedeutet nicht, dass Gott dich nicht liebhat! Ich glaube sogar, dass Gott gerade jetzt ganz dicht bei dir ist, weil du so viel Trauriges erlebst, und dich sehr doll lieb hat. Niemand kann sagen, warum dein Papa sterben musste. Das weiß nur Gott. Und vielleicht findet Gott es auch gar nicht gut und ist mit dir zusammen traurig? Du kannst Gott sagen, wie traurig und gemein du es findest, dass dein Vater sterben musste. Frag doch Gott mal, was Gott dazu tun kann, dass du Trost findest.

IST DER REGENBOGEN EINE RUTSCHE FÜR DIE TOTEN?

Ich würde auf deine Frage antworten: Nein und ja gleichzeitig.

Nein, der Regenbogen kann keine Rutsche für die Toten sein. Er besteht aus Licht in einzelnen Farben. In der wirklichen Welt kann niemand darauf rutschen, weil der Regenbogen nicht fest ist und wir ihn nicht anfassen können.

Und ja: Wenn jemand gestorben ist und wir traurig sind, hilft es, in schönen Bildern an den verstorbenen Menschen zu denken. Vielleicht ist es für dich ein schönes Bild, dass die Toten auf dem Regenbogen rutschen? Das Bild von der Rutsche kann dann trotzdem richtig sein für dich, obwohl du weißt, dass es in der wirklichen Welt nicht geht. Weil es schön ist und dir guttut und es so aussieht, als ob der Regenbogen die Erde mit dem Himmel verbindet. Und: Die Farben des Regenbogens entstehen, wenn von hinten Sonnenlicht kommt und durch Regentropfen hindurchscheint. Das ist ein bisschen so, als wenn Licht durch Tränen scheint und etwas Schönes daraus entsteht.

WIE IST DAS MIT DEM GLAUBEN?

WO WOHNT DAS CHRISTKIND?

Manche Fragen können Kinder viel besser beantworten als Erwachsene, zum Beispiel die Frage, wo das Christkind wohnt. Was glaubst du denn?

Das Christkind gehört zu den Geheimnissen, die das Weihnachtsfest für uns so schön machen. Jesus kommt als Kind auf die Welt. Und mit Jesus kommt Gott in die Welt. Das ist ein großes Geheimnis zu Weihnachten. Jedes Jahr Weihnachten feiern wir dies aufs Neue.

Ist Jesus denn nun das Christkind? Meine Tochter hat mal, als sie fünf Jahre alt war, gesagt: »Das Christkind ist die Seele von Jesus.« Wenn das stimmt, dann würde das Christkind überall da wohnen, wo Jesus ist. Und wir glauben, dass Jesus – so wie Gott – überall da ist, wo wir Menschen sind.

Vielleicht hast du selbst eine ganz andere Idee, wo das Christkind wohnt?

WAS IST EINE SEELE?

Jeder Mensch hat mehr als nur seinen Körper. Er hat auch noch etwas »innen drin«. Das kann man fühlen und spüren, auch ohne es zu sehen. Das »Innendrin« nennen wir: die Seele. Dein Lachen und deine Fröhlichkeit haben mit deiner Seele zu tun, deine Traurigkeit und deine Wut ebenso. Das, was dich besonders und einmalig macht, gehört zu deiner Seele.

Wenn du an Gott denkst und zu Gott betest, dann macht das vielleicht deine Seele. Ein Kind hat einmal gesagt: »Die Seele ist der Parkplatz für Gott.«

WAS BEDEUTET HEILIGER GEIST?

Mit dem »Heiligen Geist« versuchen Menschen zu beschreiben, wie sie Gott erleben. Gott ist nah bei uns, auch in uns drin, aber nicht sichtbar und nicht anzufassen. Vielleicht so, wie wir uns einen Geist vorstellen. (Obwohl es ja keine Gespenster gibt.) Und »heilig« meint: etwas, das sehr wichtig für uns ist, etwas Besonderes.

Weil Gott so groß und anders ist als die Menschen, wollten sie schon vor langer Zeit Gott besser verstehen. Sie haben entdeckt: Menschen können auf sehr verschiedene Weise Gott erleben, mindestens auf die dreifach Weise als Vater, als Sohn und als Heiliger Geist. (In der Kirche sagt man dazu »Trinität«).

Erstens: Gott ist wie ein Vater oder wie eine Mutter, Gott hat uns lieb, ist für uns da und beschützt uns.

Zweitens: Gott ist mitten unter uns, deshalb kam Jesus zu uns auf die Welt. Gott ist also zugleich der Sohn Jesus. Das bedeutet: Gott ist da, wo du bist, und begegnet dir auch in jedem Menschen, den du triffst.

Drittens: Gott ist in uns drin, in unseren Gedanken, ist uns ganz nah, auch wenn wir es nur spüren und nicht ganz genau wissen können. Wir sind sozusagen »begeistert« von Gott und dem Leben. Das meint »Heiliger Geist«.

Die meisten Gottesdienste beginnen damit, dass uns gesagt wird: Es ist schön, dass wir etwas mit Gott zu tun haben wollen und dass Gott nah bei uns ist. Dann sagt der Pastor oder die Pastorin: »Im Namen des Vaters und des Sohnes und des Heiligen Geistes. Amen.«

Und außerdem können wir Gott noch auf ganz andere Weise erleben. Wie erlebst du Gott?

In der Bibel (Apostelgeschichte 2) können wir nachlesen, wie die Menschen es sich damals gedacht haben, als der Heilige Geist zu den Menschen kam. Es war so, als ob ein Sturm ins Haus kam und Gott wirklich zu spüren war. Da haben die Gesichter der Menschen geleuchtet, weil sie merkten: Gott ist da, auch wenn wir Gott und Jesus nicht sehen. Das feiern wir jedes Jahr an Pfingsten.

WIE HAT DER LIEBE GOTT MICH LIEB?

Du möchtest wissen, wie du merkst, dass du von Gott geliebt wirst? Die Frage möchten auch viele Erwachsene beantwortet haben. Lass uns mal gemeinsam überlegen, wie du Gottes Liebe fühlen kannst. Vielleicht spürst du sie, wenn es dir richtig gut geht und du dich freust, dass du ein Zuhause hast und Freundinnen oder Freunde? Vielleicht, wenn du ganz hoch schaukelst und immer am höchsten Schaukelpunkt ein Kribbeln im Bauch bekommst und so richtig begeistert bist?

Vielleicht spürst du, dass Gott dich lieb hat, wenn du mal ganz traurig bist und dann jemand kommt und dich in den Arm nimmt und bei dir ist?

Ich glaube, dass Gottes Liebe oft durch andere Menschen zu uns kommt. Manchmal geht es uns nicht gut, obwohl Gott uns liebt. Manche Menschen sagen: »Als es mir ganz schlecht ging, habe ich trotzdem Kraft gehabt, das alles zu überstehen. Dass ich diese Kraft hatte, hat mir gezeigt, dass Gott mich lieb hat und bei mir ist.«

Wahrscheinlich kannst du am besten selbst entdecken, wie du Gottes Liebe spürst. Dazu brauchst du nur aufmerksam hinzufühlen. Dann kannst du immer wieder neu herausfinden, wie das ist, dass Gott jeden Menschen liebt und zu ihm hält.

HAT GOTT AUCH BÖSE MENSCHEN LIEB?

Das können wir uns schwer vorstellen, aber ganz viele Geschichten in der Bibel erzählen davon: Alle Menschen sind Gottes Kinder, und alle hat Gott lieb. Sicher findet Gott nicht alles gut, was Menschen machen, aber Gott findet trotzdem die Menschen selbst gut. Gott kann zwischen den Menschen selbst und dem, was die Menschen tun, unterscheiden.

Vielleicht ist es so ähnlich, wenn du mal richtig ärgerlich auf deine Mutter oder auf deinen Vater bist, weil du sie ungerecht findest. Und trotzdem weißt du, dass du sie eigentlich lieb hast, auch wenn sie nicht alles richtig machen.

Eine Geschichte in der Bibel handelt von Jakob. Jakob betrügt erst seinen Bruder Esau, dann seinen Vater Isaak, damit er, Jakob, der Chef in der Familie wird. Und trotzdem hat Gott Jakob lieb und macht ihn zu einem großen Anführer für sein Volk. Du kannst dir die Geschichte aus 1. Mose 25 ff. vorlesen lassen.

WOHER WEISS MAN, DASS ADAM UND EVA ADAM UND EVA HIESSEN?

Die ersten Menschen hießen vermutlich gar nicht Adam und Eva. Denn heute wissen wir, dass sich die Menschheit über Millionen Jahre entwickelt hat und nicht zwei erste Menschen plötzlich da waren.

Trotzdem ist die Geschichte von Adam und Eva wichtig für uns. Denn die Menschen haben sich damals mit Geschichten Antworten auf ihre Fragen gegeben. Zum Beispiel auf die Fragen: Wo kommen wir Menschen eigentlich her, und wie war das am Anfang?

Die Geschichte von Adam und Eva ist so eine Antwort-Geschichte. Sie steht als zweite Geschichte in der Bibel. Gott will, dass es uns Menschen gibt. Wir sind kein Zufall oder einfach nur so entstanden. Gott liebt jeden Menschen, so verschieden wir sind.

Deshalb haben die beiden Menschen in der Geschichte vom Anfang der Welt auch Namen: Wir Menschen sind nicht »irgendwer« für Gott, sondern er kennt uns alle.

Adam heißt übersetzt »Erdling«, und Eva heißt »Leben«. Daran kann man sehen, dass wir mit der Erde verbunden sind und dass das Leben schön ist.

KOMME ICH IN DIE HÖLLE, WENN ICH NICHT LIEB GENUG BIN?

Ich glaube nicht, dass es eine Hölle gibt, in die wir hineinkommen können. Und ich glaube nicht, dass Gott uns bestraft, wenn wir etwas falsch machen, und uns irgendwo hinschickt.

Übrigens: Etwas nicht richtig zu machen gehört ja zum Leben dazu, das macht jede und jeder mal. Das dürfen wir, und Gott kommt gut damit klar.

Das mit der Hölle stell ich mir so vor: In der Bibel gibt es Geschichten von der Hölle. Ich glaube, diese Geschichten haben sich die Menschen damals erzählt, weil sie gerne sortieren wollten zwischen denen, die Gutes tun, und denen, die Böses tun. So wie beim Aufräumen: Die Guten kommen in den Himmel, die, die Schlechtes tun, in die Hölle. Dann scheint das Leben einfacher zu sein, wenn man das Böse wegräumen kann.

Ich glaube aber, dass Menschen Gutes tun und manchmal auch nicht so Gutes. Deshalb ist nicht der ganze Mensch schlecht.

Ich könnte mir vorstellen, dass die Hölle eine Idee von Menschen ist, nicht von Gott. Früher haben Menschen in der Kirche anderen Menschen Angst gemacht damit, dass sie in die Hölle kommen. Damit konnten die Mächtigen über die anderen bestimmen.

Ich glaube, Gott kommt gut ohne Hölle aus. Was meinst du?

WIE IST DAS MIT VERSCHIEDENEN RELIGIONEN?

IST GOTT AUCH ALLAH?

Du hast vielleicht schon einmal bemerkt, dass nicht alle Menschen das Gleiche glauben. Christ*innen glauben zum Beispiel an Gott und Jesus, und muslimische Menschen glauben an Allah und lernen viel über Mohammed.

Die meisten Christ*innen und Muslim*innen sagen, dass Allah und Gott ein und derselbe Gott sind, auch wenn Christ*innen und Muslim*innen unterschiedlich an Gott und Allah glauben. Eigentlich kann ja nur Gott selbst sagen, ob Gott auch Allah ist, und nur Allah selbst kann sagen, ob Allah auch Gott ist.

Ich glaube, es ist so, als ob Gott in verschiedenen »Sprachen« zu uns spricht. Die einen können Gott so erleben, die anderen Allah anders.

Es ist sehr spannend, von anderen Menschen zu hören, wie sie glauben. Dabei können wir entdecken, was gleich ist in den verschiedenen Religionen und was anders ist und auch anders sein darf. Wir können nämlich gut miteinander leben, auch wenn wir nicht das Gleiche glauben.

FÜR MEINEN GOTT DARF ICH KEIN SCHWEIN ESSEN, WIESO BEI EUREM GOTT?

Menschen glauben unterschiedlich. Und zu den verschiedenen Religionen gehören unterschiedliche Überzeugungen, die zeigen, was ihnen im Glauben wichtig ist.

Im Islam, der Religion der Muslime, ist es den Menschen wichtig, kein Schweinefleisch zu essen. Viele Menschen beten regelmäßig und lesen im Koran. Manche fasten zu Ramadan und feiern anschließend das Fest des Fastenbrechens.

Im Christentum beten die Menschen auch, sie lesen in der Bibel. Es ist hier nicht wichtig, ob Menschen Schweinefleisch essen oder nicht. Viele feiern Ostern und Weihnachten.

Jeder Mensch kann selbst entscheiden, was ihm wichtig ist und wie er oder sie den eigenen Glauben leben will.

WIESO GIBT ES VERSCHIEDENE RELIGIONEN?

Das ist eine spannende Frage. Was meinst du denn?

Ich könnte mir vorstellen, dass es verschiedene Religionen gibt, weil die Menschen ganz verschieden sind. Sie haben verschiedene Lebensweisen, machen verschiedene Erfahrungen und glauben deshalb auch unterschiedlich. Eine Religion ist ja der Versuch, die Welt zu verstehen und zu entdecken, was man glauben und wie man leben kann. Da haben sich auf der ganzen Welt sehr verschiedene Vorstellungen von Glaube und Religion entwickelt.

Kinder wachsen zunächst in die Religion ihrer Eltern hinein und überlegen später, wenn sie größer werden, ob diese Religion mit dem, wie sie das Leben verstehen, zusammenpasst oder nicht. Entweder sie fühlen sich in der Religion dann zu Hause und bleiben mit ihr verbunden, oder sie kommen einer anderen Religion näher. Manche Menschen entscheiden sich auch dafür, dass ihnen gar keine Religion und kein Gott wichtig ist.

Jeder Mensch darf selbst entscheiden, was er glaubt und zu welcher Religion er gehören möchte; das ist in Deutschland mit einem Gesetz festgelegt.

Was glaubst du, würde Gott sagen, wieso es verschiedene Religionen gibt?

WIE LÄUFT ES IN DER KIRCHE?

WOHNT GOTT IN DER KIRCHE?

Wenn wir glauben, dass Gott überall auf der Welt ist, dann ist Gott auch in einer Kirche. Aber ob Gott wohl in einer Kirche mehr zu Hause ist als anderswo, also dort richtig wohnt? Ich glaube, Gott will bei den Menschen wohnen. Deshalb ist Gott in Jesus auch in einem Stall auf die Welt gekommen, um ganz dicht bei den Menschen zu sein. Gott wohnt zum Beispiel bei dem Mädchen, das gerade im Krankenhaus sein muss. Und bei dem Vater, der morgens seine beiden Kinder in die Kita bringt. Und bei deiner Nachbarin. Und bei dir. Vielleicht wohnt Gott sogar in dir drin, was meinst du? Und Gott wohnt auch in der Kirche, wenn Menschen in der Kirche sind, um Gott dort zu treffen.

WENN ICH MIT GOTT REDE, ANTWORTET ER DANN AUCH?

Manche Menschen sind sich sicher, dass sie von Gott eine Antwort bekommen, wenn sie beten. Andere beten, ohne das Gefühl zu haben, dass Gott antwortet. Ob und wie Gott dir antwortet, kannst du nur selbst entdecken. Die Antwort kann ohne Worte sein, ganz leise oder in dir drin vielleicht. Es lohnt sich, ganz aufmerksam darauf zu achten.

Beim Beten können wir übrigens Gott alles erzählen, vor allem das, was uns besonders wichtig ist. Das ist ein gutes Gefühl. Gott weiß, was bei uns los ist und was wir dringend möchten. Manche Menschen sind dankbar, dass Gott ihnen genau ihre Wünsche erfüllt hat. Andere Menschen haben das Gefühl, das Gott nicht ihre Bitten erfüllt hat. Wie ist es bei dir?

WARUM HAT DIE PASTORIN EIN SCHWARZES KLEID AN UND EINE WEISSE SCHLEIFE?

Vor dem Gottesdienst zieht die Pastorin über ihre normale Kleidung eine Art schwarzes Kleid, das »Talar« heißt. Dazu gehört ein weißes »Beffchen«, zwei weiße Stoffstreifen am Kragen.

Beides zeigt, dass die Pastorin im Gottesdienst besondere Aufgaben hat: Sie erzählt von Gott. Sie betet zu Gott, auch für alle Menschen mit, die im Gottesdienst sind. Sie versucht, den Menschen dabei zu helfen, ihren Glauben an Gott weiter zu entdecken. Sie tauft Kinder, manchmal auch Erwachsene und Jugendliche. Sie traut Ehepaare. Sie beerdigt Menschen, die gestorben sind.

Der Talar macht dabei deutlich: Die Pastorin selbst ist nicht das Wichtigste dabei. Wichtig ist, dass die Menschen etwas mit Gott zu tun haben und Gott mit den Menschen. Die Pastorin oder der Pastor helfen nur dabei.

WARUM MUSS MAN IN DER KIRCHE STILL SEIN?

Menschen gehen in eine Kirche, weil sie einen Ort suchen, der sich anders anfühlt als in einem Laden oder an der Straßenkreuzung oder im eigenen Zimmer. In einer Kirche ist es ruhig, sie können besser nachdenken und leichter beten, sie schauen auf alte Bilder, die aus der Bibel erzählen oder hören Geschichten, die ihnen guttun. Damit es dort anders ist als sonst im Alltag, wünschen sich viele Menschen in einer Kirche Stille.

Manchmal muss es aber auch ganz lebendig und laut sein in der Kirche: zum Beispiel bei einem Konzert, oder wenn alle klatschen, oder wenn Kinder die Kirche erkunden und alles entdecken, was es zu sehen gibt.

WARUM FALTEN WIR DIE HÄNDE, WENN WIR BETEN?

Christinnen und Christen falten oft die Hände zum Gebet, weil sie dann besser an Gott denken können. Wenn wir Gott schon nicht sehen können, brauchen wir unsere innere Vorstellung, um mit Gott zu reden. Für viele Menschen geht das besser, wenn sie nach außen »dicht« machen mit ihren Händen. Vielleicht ist es ja auch so, dass wir eigentlich Gott die Hände reichen beim Beten, aber nur unsere eigenen Hände dafür haben? Manche Menschen halten ihre Hände auch ganz anders, wie geöffnete Schalen noch oben zum Beispiel, so als ob Gott etwas hineinlegen könnte.

Muslimische Menschen neigen sich oft im Knien zum Boden und legen die Hände auf die Erde.

Welche Haltung wir beim Beten einnehmen, können wir uns aussuchen.

Übrigens lautet ein Satz, der alle zum Gebet einlädt und dabei allen die Freiheit lässt, selbst über die Gebetshaltung zu entscheiden: »Wir nehmen die Hände zum Gebet.«

WARUM SAGT MAN NACH DEM BETEN AMEN?

»Amen« kommt aus der Sprache, in der die Bibel geschrieben wurde, dem Hebräischen. »Amen« bedeutet »So ist es« oder auch »So soll es sein« oder auch »gewiss«. Wir sagen es am Ende eines Gebetes, weil uns das, worum wir Gott bitten, wichtig ist. Es heißt so viel wie: »Lieber Gott, mach doch bitte, worum ich dich gebeten habe.«

Jesus, der ja Jude war, hat »Amen« gesagt, wenn er zu Gott gebetet hat, deshalb machen wir Christ*innen – also die Menschen, die an Gott und Jesus glauben – es ebenso.

WARUM SCHMECKT DAS, WAS ES IN DER KIRCHE ZU ESSEN GIBT, IMMER SO PAPPIG?

Du meinst die »Oblate« beim Abendmahl? Manchmal wird im Gottesdienst Abendmahl gefeiert: Wir erinnern uns damit an Jesus. So, wie Jesus mit seinen Freunden zusammen gegessen hat (das war Gründonnerstag, kurz vor Ostern; das kann man im Lukasevangelium, Kapitel 22, nachlesen), bevor er gekreuzigt wurde (an Karfreitag, im Lukasevangelium, Kapitel 23), essen wir zusammen mit Jesus, wir alle zusammen in der Kirche. Allerdings gibt es keine ganze Mahlzeit, sondern nur als Erinnerung ein kleines Stück Brot oder eben eine Oblate, und dazu einen Schluck Wein oder Saft.

Wir feiern, dass Jesus immer noch bei uns ist, weil er auferstanden ist. Wenn wir uns davon nicht nur erzählen, sondern auch etwas dazu essen und trinken, spüren wir das noch viel stärker. Jesus hat damals Brot geteilt. In manchen Gemeinden gibt es deshalb auch ein Stück Brot, in anderen etwas Ähnliches: Es heißt »Oblate« oder »Hostie«. Es besteht auch aus Mehl und Wasser – wie Brot –, es lässt sich aber länger aufbewahren und krümelt nicht so. Es würde nämlich Menschen stören, wenn etwas, das an Jesus erinnert, nachher als Krümel auf dem Fußboden liegen bleibt.

Das Abendmahl ist in der Kirche etwas besonders Schönes, weil wir »schmecken« können, dass Jesus da ist, dass Gott uns gut versorgt, dass Gemeinschaft etwas Schönes ist und dass Teilen und Abgeben zum Leben dazugehören.

Übrigens sind auch schon Kinder zum Abendmahl eingeladen.

WARUM WIRD DAS BABY BEI DER TAUFE NASS GEMACHT?

Taufen kommt von »tauchen«. Die Taufe ist ein Fest, bei dem wir feiern, dass wir zu Gott gehören und Teil der Gemeinschaft der Christinnen und Christen werden. Jesus hat uns Menschen den Auftrag gegeben zu taufen (Matthäusevangelium, Kapitel 28).

Meistens werden Babys getauft, manchmal auch Erwachsene.

Bei der Taufe bekommt der Täufling dreimal Wasser über die Stirn geträufelt. Das bedeutet: So wie Wasser Schmutz wegwäscht, so kann Gott das wegwischen, was uns von Gott trennt. Gott selbst trennt sich nie von uns, aber manchmal tun Menschen etwas, was sie dann von Gott fernhält. Also zum Beispiel, wenn wir ungerecht sind oder jemandem weh tun. Wir können Gott davon erzählen, wenn wir etwas tun, was wir selbst gar nicht gut finden. Gott kann uns verzeihen und wäscht alles ab.

Die Taufe sagt also: Bei Gott können wir immer wieder neu anfangen, egal, was vorher gewesen ist. Wir sind Kinder Gottes, und Gott hat uns unendlich lieb. In der Taufe feiern wir Gottes Liebe zu uns und sagen: Ja, genau, der Mensch, der getauft wird, soll etwas mit Gott zu tun haben. Deshalb ist die Taufe ein sehr fröhliches Fest.

ANREGUNGEN FÜR DAS GESPRÄCH MIT KINDERN

Kinder fragen, um die Welt zu verstehen und um sich zu entwickeln. Dabei brauchen Kinder unkomplizierte und ehrliche Antworten von uns Erwachsenen. Manchmal erscheinen uns allerdings die Fragen so groß und bedeutend, dass uns der Mut fehlt, eine eigene Antwort anzubieten. Oder wir erleben uns selbst im Glauben als unsicher und haben den Eindruck, unsere Antwort würde nicht »ausreichen«. Oder die Fragen berühren eigene Ängste in uns selbst – wie zum Beispiel Fragen nach dem Tod. Und trotzdem gilt: Kinder brauchen Erwachsene als persönliche Gesprächspartner. Einige Anregungen können das Gespräch mit Kindern erleichtern:

- **Vorbild im Glauben sein und Freiheit geben**
  Es ist gut, ein Kind auf der Suche nach Antworten zu begleiten, die für es stimmig sind. Das heißt, Erwachsene trauen dem Kind zu, eigenständige Antworten zu finden, und unterstützen es dabei. Dabei brauchen Kinder beides: sowohl die Möglichkeit, eine eigene Lösungen zu entwickeln, als auch konkrete Anregungen von den Bezugspersonen, die sichtbar machen, wie sie selber es verstehen. Sie brauchen Erwachsene als Vorbilder, an denen sie selbst entscheiden können: Diese Aussage nehme ich an, jene nehme ich nicht an. Bei aller Unfertigkeit und Unsicherheit im eigenen Glauben brauchen Kinder vertraute Menschen, die von ihrem Glauben erzählen. Auch, wenn der eigene Glaube mit Zweifeln zu tun hat – wie jeder Glaube übrigens.

- **Es geht nicht um alles**
  Glaube ist nie fertig, sondern entwickelt sich immer weiter. Dafür ist es wichtig, dass Antworten auf Kinderfragen nicht den Eindruck erwecken, damit sei alles gesagt. Sie dürfen gerne zu weiteren Fragen anregen. Es muss mit einem Mal nicht alles gesagt sein.

- **Ehrlich und authentisch**
  Nur eine Antwort, die auch für die Erwachsenen Gültigkeit hat, ist für Kinder geeignet. Was wir selbst nicht glauben, taugt auch für Kinder nichts. Später, im realistischen Alter ab etwa zehn oder elf Jahren, werden viele Antworten von früher noch einmal überprüft. Stärkend und weiterführend sind dann Antworten, die nicht zurückgenommen werden müssen, sondern trotz neuer Wahrnehmung und Deutung der Welt Bestand haben können. (Nicht hilfreich: »Nach dem Tod sitzt jeder Mensch auf einer eigenen Wolke«; hilfreich: »Ich weiß auch nicht genau, wie es nach dem Tod ist, aber ich glaube, dass da alles gut ist und wir ganz dicht bei Gott sind, vielleicht fühlt es sich an, als ob wir getragen werden in Gottes Armen.« Die zweite Antwort macht neue, persönliche Deutungen möglich; die erste lässt die Frage entstehen: »Was stimmt dann eigentlich von dem Rest noch, was ich über Gott und Jesus und die Bibel gehört habe?«). Kinder können wenig anfangen mit einer Antwort, die nicht ehrlich gemeint ist, sondern gegeben wird, um das Nicht-Wissen zu überspielen. Aber sie halten es gut aus, von uns Großen zu hören: »Das weiß ich auch nicht.«

- **Manches muss offen bleiben**
  Der christliche Glaube bringt es mit sich, dass es auf viele grundlegende Fragen keine abschließenden Antworten gibt. Deutlich wird das zum Beispiel an der häufig gestellten Frage »Wozu gibt es Leiden in der Welt?« Eine einfache, immer gültige Antwort ist darauf nicht zu geben, aber doch Anhaltspunkte und christliche Hoffnungsaussagen, die individuell helfen können, mit der bleibenden Frage lebensstärkend umzugehen. Manche Antworten lassen etwas offen, oder neue Fragen entstehen, weil schon seit Jahrtausenden Menschen sich Gedanken über genau diese schlauen Kinderfragen machen. Manche Antworten muss man vielleicht mitnehmen und später, in drei Tagen oder in einigen Jahren, noch einmal bedenken.

- **Von den Kindern lernen**
  Anders als in manchen anderen Bereichen sind in Glaubensdingen nicht unbedingt die Großen die Experten und die Kleinen die Lernenden. Wir sind alle auf der Suche nach Antworten, die für uns persönlich Gültigkeit haben und uns helfen, das Leben zu verstehen und zu bewältigen. Manchmal geben die Kleinen den Großen Anregungen zum Verstehen. Es ist wunderschön, mit Kindern ins »Theologisieren« zu kommen. Das meint, sich auf Augenhöhe auszutauschen und davon auszugehen, dass jeder Mensch, Kind wie Erwachsener, Experte für den eigenen Glauben ist. Offene Fragen, die Kinder anregen, ihre eigene Meinung zu formulieren (»Wie stellst du dir das vor?«

»Was glaubst du, warum Gott das so macht?«), können ein gemeinsames Theologisieren eröffnen.

- **Atmosphäre von Wertschätzung und Angenommensein**
  Die Atmosphäre, in der geantwortet wird, bestimmt mit, ob Kinder sich weiterhin trauen, zum Gespräch aufzufordern und Fragen zu stellen. Kinder brauchen eine Atmosphäre des Angenommenseins und des Vertrauens, in der es nicht um »richtig« und »falsch« geht. Gegenseitige Wertschätzung ist eine wichtige Voraussetzung. Wenn Kinder merken, dass Fragen eine unangenehme Stimmung auslösen oder versteckte Unsicherheit, oder wenn über eine Frage gelacht wird, werden sie aufhören zu fragen. Viel besser ist es, offen mit den eigenen Gefühlen umzugehen – sich selbst und den Kindern gegenüber. (»Die Frage macht mich unsicher oder traurig«). Wichtiger als perfekt zu antworten, ist es, eine Atmosphäre zu gestalten, in der Kinder sich wohlfühlen und sich ernst genommen wissen.

- **Unsere Sprache über Gott**
  Ob wir von Gott als »er« oder »sie« reden wollen, hängt von der eigenen Haltung ab. In diesem Buch wird einem offenen Gottesbild Rechnung getragen, in dem Gott nicht auf männliche oder weibliche Attribute festgelegt wird. Es wird darauf verzichtet, Gott in Pronomen auf ein Geschlecht festzulegen (kein »er« oder »sie«, »sein« oder »ihr«). Stattdessen wird der Name »Gott« wiederholt, was beim Lesen aufmerken lässt und zugleich Anregung gibt, das eigene Gottesbild weiter zu entdecken.

Maike Lauther-Pohl, geboren 1968, Studium der Theologie. Nach dem Vikariat konnte sie als Jugendpastorin, später als Referentin im Fachbereich »Bildung und Erziehung« Erfahrungen sammeln. Seit 2009 ist sie Theologische Referentin für Religionspädagogik im Verband Evangelischer Kindertageseinrichtungen in Schleswig-Holstein e.V. (VEK). Nebenbei ist sie als Supervisorin und Coach tätig. Maike Lauther-Pohl mag gerne zusammen mit Kindern und Erwachsenen Gott und die Welt entdecken. Sie ist verheiratet, hat zwei erwachsene Töchter und lebt in Kiel.
www.vek-sh.de

Marie Hübner, geboren 1969, studierte an der Hochschule für Gestaltung in Offenbach und arbeitete zunächst als freie Grafikerin und Illustratorin. 1995 gewann sie den Etienne Aigner Designpreis. Sie lebt in Frankfurt am Main.
www.graphictelling.org

Bibliografische Information der Deutschen Nationalbibliothek
Die Deutsche Nationalbibliothek verzeichnet diese Publikation in der Deutschen Nationalbibliografie; detaillierte bibliografische Daten sind im Internet über https://portal.dnb.de abrufbar.

Klimaneutral
Druckprodukt
ClimatePartner.com/14044-1912-1001

MIX
Papier aus verantwortungsvollen Quellen
FSC www.fsc.org
FSC® C084279

Penguin Random House Verlagsgruppe FSC® N001967

1. Auflage

Druck und Bindung: Print Consult, München
ISBN 978-3-579-07160-2

www.gtvh.de